사랑한다고 말할때 사랑의 꽃이 피고

정태운 시집

청옥

시인의 말

세상을 살아간다는 것은 세상과 어울려 살아가야 하는 것이 아닐까 합니다.

풀 한 포기 돌 하나에도 애정과 관심이 가미되지 않은 것이 없는데 하물며 사람이 사는 세상에서 사람을 만나고 사랑하면서 살아가는 것이 인생의 중요한 부분이 되기에 정과 사랑과 우정과 자연에 대한 애착을 느끼지 않을 수 없고 필연적인 조건이 된다고 생각합니다.

그중에도 세상을 아름답게 하는 것은 자연도 있겠지만 자연과 어울러지고 사람과 어울러진 속에서 사랑과 우정과 인간관계의 흐름에 대해 이야기해 보고 싶었습니다.

이제 저의 정원에 첫 꽃을 심고 가꾸기를 게을리 하지 않으며, 또 다른 꽃들을 심기를 희망하며 저의 정원에 머무는 모든 이에게 기쁨과 미소와 안식을 주는 정원주가 되도록 가꾸어 나가겠습니다.

그리고 이 책을 펴내기까지 도와주신 제 아내와 여러 지인들과 청옥문학 회장님 비롯해서 최영구 박사님께 감사드립니다.

2018년 4월

저자 정태운 올림

차 례

제1부 밤을 지새워 사랑 얘기 나누면

사랑 느낌 …………………………………………… 13
밤을 지새워 사랑 얘기 나누면 ………………… 14
그대로 하여 그러하듯이 ………………………… 16
그대를 사랑함에 ………………………………… 18
사랑한다고 말할 때 사랑의 꽃이 피고 ………… 20
당신이었습니다 ………………………………… 22
그립고 사랑하는 마음 …………………………… 24
그대에게 ………………………………………… 26
사랑의 꿈 ………………………………………… 28
그대에게 주는 연가 ……………………………… 30
그대에게 주는 시 ………………………………… 32
우리의 사랑 ……………………………………… 34
아내의 눈빛 ……………………………………… 36
당신 ……………………………………………… 37
굳이 사랑이라 하지 않아도 …………………… 40
내 사랑 그대 …………………………………… 42
구애 ……………………………………………… 44
좋은 사람아! …………………………………… 45
아내에게 ………………………………………… 46
먼 길 함께하고 싶습니다 ……………………… 48

제2부 그리움에게 주는 편지

그리움에게 주는 편지 …… 53
그대 보고픈 날 …… 54
보고 싶다 말할래 …… 56
사랑과 이별 …… 57
사랑이니까 아픈 거야 …… 58
재회 …… 60
고독 …… 62
그립다 …… 63
그리움의 이름 …… 64
외톨박이 …… 66
사랑의 회상 …… 68
그리운 마음 …… 69
고독을 느끼며 …… 70
그리움에 잠 못 든 밤 …… 72
아픔 …… 74
우울한 날 …… 75
버리고 왔던 길 …… 76
눈가에 맺히는 이슬 …… 78
잠들지 않는 밤 …… 79
그대 그리운 날 …… 80

제3부 그대의 꽃이 되어

사랑 꽃 ··· 83
그대의 꽃이 되어 ································· 84
네가 꽃이 아니었으면 ·························· 86
가을 들꽃 ·· 88
이 꽃이 알고 싶다 ······························· 90
마이산 산행 ··· 92
들국화 ··· 94
은행나무 ·· 95
홀로 남은 꽃 ······································· 96
사랑의 싹 ·· 98
동백꽃 지는 날 ·································· 100
동백꽃 ·· 102
지지 않는 꽃 ······································ 103
도깨비바늘 ··· 106
시들지 않는 꽃 ·································· 108
씨방 ·· 110
임 마중 ·· 111
시를 위한 소망 ·································· 112
회상 ·· 114

제4부 봄비 따라오신다더니

입춘 ··· 119
사랑 봄맞이 ······································ 120
새해 ··· 122
봄을 향한 여정 ································· 124
봄마중 ·· 126
3월 ··· 128
삼월의 향기 ······································ 130
봄볕 ··· 131
봄비 따라오신다더니 ······················· 132
봄비 ··· 134
가을로 가는 길목에 서서 ················ 135
가을비 내리는 풍경 ························· 136
가을이 날리고 있네 ························· 138
늦가을 ·· 140
가을 햇살 ··· 142
늦은 가을밤 ······································ 143
가을을 보내며 ·································· 144
눈 ··· 145
겨울비 ·· 146
12월 ·· 148
세모 歲暮 ··· 150

제5부 와인과 우정 그리고 사랑

그대와 잔 기울이면 ······ 155
그대와 와인을 ······ 156
와인 벗 ······ 158
와인 ······ 160
술자리 ······ 162
와인과 사랑 ······ 164
벗에게 ······ 166
종말 ······ 168
친구에게 ······ 171
문득 ······ 174
키스 ······ 176
별같이 살자 ······ 178
우리 임 ······ 179
삶이 버거울 때 ······ 180
동행 ······ 182
메아리 ······ 184
사랑 ······ 185
조용학 원장님을 기리며 ······ 186

제6부 부르지 못한 노래

어둠을 따라 ················· 191

별이고 싶다 ················· 192

광안대교의 밤 ··············· 194

아침의 기도 ················· 196

어둠을 거두고 ··············· 198

초대받은 불청객 ············· 200

동토에서 ··················· 202

공존 ······················· 204

소통 ······················· 205

애수의 밤 ··················· 206

아침을 엽니다 ··············· 208

바닷가 초상肖像 ············· 210

지는 해 바라보며 ············ 212

어둠이 내리면 ··············· 214

어디로 가는가 ··············· 215

시를 쓰는 사람은 ············ 216

별이 내린다 ················· 218

해설 사랑의 풍경과 감성의 미학 / 최영구 문학박사 ········ 219

9

제 1부

밤을 지새워 사랑 얘기 나누면

사랑 느낌

사랑의 마음 쌓으니
꽃이 피고
그리운 마음 쌓으니
눈이 내리네

봄꽃이 나비 기다리는
그리움으로
돌밭의 아지랑이마냥
피어오르는 사랑

사랑 가득하면
눈밭도 포근하고
그리움 가슴에 안으니
세월도 멈추네

밤을 지새워 사랑 얘기 나누면

그대와 함께
밤을 지새워 사랑 얘기 나누면

포도알처럼
알알이 사랑이
영글어 오고
그리운 눈빛 주고받으면
장밋빛 향기
가슴으로 빛이 나는데
와인 잔 부딪치면
온몸 부르르 떨림으로
사모의 맘 느껴 온다

지새워 지새워
밤을
지새워도
끝나지 않은 우리 사랑 이야기

그리움은
밤을 핑크빛으로 물들이고
지새운 밤은
봄볕안고 포옹한다.

그대로 하여 그러하듯이

나로
인하여
그대에게도 가슴 떨림이 있었으면 좋겠습니다.
내 모습 잠시 보아도
설렘 가득 안고
내 목소리 잠시 들어도
환희로 정겨움이 뚝뚝뚝
흘러내렸으면 합니다,
내가 그대로 하여 그러하듯이.

서러워 울 적에도
고통스러운 마음으로 가득할 때도
삶이 힘들어 어깨가 무거워질 때도
내 모습이
나에 대한 생각이
그대를 힘 나게 하는 에너지가 되었으면 좋겠습니다,
내가 그대로 하여 그러하듯이.

나의 기쁨에 들뜬 목소리가
나의 행복에 찬 미소가
나의 성취감들이
모두 그대에게도 활력으로 느껴졌으면 좋겠습니다,
내가 그대로 하여 그러하듯이.

그대를 사랑함에

아픔이 있다고 해서
사랑을 포기할까요
어디
아프지 않은 사랑이 있을까요

돌아보면
까마득한 날들부터 이어진
사랑의 하모니로
그대 그림자 되어 함께한 날들

작은 갈등 속에도
큰 기쁨 속에도
우리가 키워 온 사랑일진대
소나기 내리는 날에
우산이 없다고 해서
우리의 걸음을 달리할 수 없지 않은가

사랑함을 숨기지 말고 말하고
감동받음에 감사하다 말하고

서운함에 섭섭하다 말하고
바라는 것에 바람을 말하고
어려움에 어려움과 고통을 말하면

그대여!
가슴에 응어리짐도
사라져 자리하지 못하기에
가슴 뿌듯한 사랑만 가득할지니

아직도 남은 많은 날을
설렘과 행복 가득 안고 가고픔에,
그대를 사랑함에,
기나긴 편지를 씁니다

사랑한다고 말할 때 사랑의 꽃이 피고

사랑한다 말할 때
사랑 꽃이 핍니다

침묵하는 마음은
꽃을 피우지 못하고
쓸모 없는 땅이 되기에
나타내지 않는
그 마음을 알아달라 하지 말아요

닫혀 있는 마음을
어떻게 알 수 있나요
언제나 오해와 섭섭함을 만들고
황폐한 토양으로 변하게 해요

싹을 틔우지 못하는 동토
얼고 거친 대지 위에
무엇이 자랄 수 있을까요

사랑하면 사랑한다 말하고
그리우면 그립다 말하고
섭섭하면 섭섭하다 말해요
닫힌 언어로 알아주기를 바라지 말아요

당신의 정원에 꽃을 피우기 위해
사랑한다고 말해요
사랑한다고 말할 때
사랑의 꽃은 피어납니다

당신이었습니다

잠 못 들어 뒤척이는 날들에
까닭 없는 그리움으로 눈물 맺고
기다림도 모른 채 기다린 이유가
당신 때문이었음을 몰랐습니다

몰랐습니다 예전엔
당신의 우아함도
당신의 도도함도
내 안에 펼쳐진 향기가
당신인 줄을

깊이 사랑한다는 것은
하늘의 별처럼
언제나 영롱히 빛난다는 것을
예전엔 알 수가 없었습니다

사랑이란
다만
기쁨과 행복과
즐거움만 주는 줄 알았습니다

사랑 속에 담긴
아픔과 쓰라림과 참음도
사랑의 열매를 위한 거름으로
그것이 사랑인 줄 알지 못했습니다

고귀함과 향긋함이
장미의 꽃 향인 줄만 알았던 것도
이제 와 돌아보니
당신의 미소 하나하나가
최고의 향기였습니다.

사랑을 알게 한 것도
향기로움을 알게 한 것도
그리움이 사랑인 것을 알게 한 것도
삶이 아름답다는 걸 알게 한 것도
그 먼 길을 무던히 걸을 수 있게 한 것도
모두다
당신이었습니다.

그립고 사랑하는 마음

보고프다
뛰어오지 말아요
행여
넘어진 그대 모습
상상하기도 싫어요

그립다고
긴긴날들 잠 못 이루지 말아요
불멸의 밤에
따사롭게
편지 몇 장 적어 주세요
그 글들 속으로
내 맘도 함께 보내줄게요
그대 마음이 내 맘이니까

파란 도화지 위에
그리운 맘들을
어떻게 다 채울지 걱정하지 말아요
파란 하늘 그대로 두어도

그리운 맘에
파랗게 멍이 든 가슴인 줄 알아요

나도
임 그리워 달려갑니다
나도
임 그리워 잠 못 듭니다
나도
가슴이 파랗게 멍이 듭니다

그립고
사랑하는 맘으로 하여
아픔이 있어도
그립고
사랑하는 맘으로 하여
행복하기에

그립고 사랑하는 맘은
죽을 때까지 가지고 싶습니다.

그대에게

같이 어울러 흐르는 물이 되어도
부둥켜안은 듯이 하나 되어 흘러가도
텅 비어 있는 것을
채우지 못하는 그리움으로
두 손 꼭 잡는 그대는 나의 영혼입니다.

곁에 두고 그립다 말하는 것은
당신의 영혼과 하나 됨이 나의 바람이고
당신과 넘치는 사랑하고픈
나의 욕망입니다.

손 놓으면 그리워지는 그대
뒤돌아서면 그리워지는 그대
언제나 그리운 그대
그러기에 나는 당신의 그림자이고 싶습니다.

뭐든지 함께하고
바라는 건 뭐든지 해주고 싶은
나는 그대의 바라기입니다.

그래서
더더욱 사랑 가득합니다.
그대여!

사랑의 꿈

꿈을 꾼다는 것은
항시 달콤함을 달고 살고 싶은
욕심이라고 말하지 말아요

너울대며
다가오는 환상의 입맞춤이 아니라도
그대 가슴속에 내재된
그 아픔도 함께 나누며
그대를 아끼고
그대의 힘듦을 나누어
어깨 위에 놓인 짐을 가볍게
해 주고자 함임을 알아주세요

작고 여린 손일지라도
나의 따뜻함으로
그대의 차가워진 손을
따스히 감싸고 녹여 주고 싶어요

꿈을 꾼다는 것은
그대의 사랑을 받고자 함만은 아니어요
그대의 우아함을 지키고
그대의 도도함을 느끼고
그대의 지적임을 은근히 자랑함에
뿌듯함도 있지요

사랑 가득 보내고
사랑으로 우리의 미래가 한층
밝아 오게 하려고
꿈꾸며 살아가기에
그 실천을 위한 사랑의 꿈을
날마다 꿀 거예요.

그대에게 주는 연가

그리움 바탕에 시를 적고
포근한 미소에 차를 나누면
다정도 병이 되는데

그대에게
속삭이는 말은 별을 내리게 하고

그대에게
보내는 사연은 겨울비 내리게 하고

그리운 사연은 비가 되고
비는 사랑이 되고
사랑은 다시 그리움이 되고

매일 같이 속삭여도 지겹지 않은 말로
매일 같이 바쳐도 질리지 않는 꽃으로
매일 같이 은은한 향기로 다가가면

가슴 뿌듯한 사랑이
시처럼 음악처럼 그림처럼
감동으로 스며 옵니다

나의 하루가 온통 그대로 수놓고
세상을 온통
사랑과 그리움의 빛으로
채색하여도 모자라는 마음 담아서
다정한 사랑의 노래 들려줍니다
고운 내 사랑에게

그대에게 주는 시

마음이 날려가는 날이네요
그대 정원에 머물다
바람으로
그대 곁을 맴돕니다

함께하면서도 그리운 것은
그대의 향기에 취한
때문일 겁니다

포근함보다도
더 부드러운 그대의 언어
그대의 손길보다
더 감미로운
그대의 따스한 마음이
와 닿습니다
사랑으로

그대,
내 안에 있으면서도

말 건네오면
두근거림으로 답합니다
언제나

떨림으로
오는 내 사랑은
왜 이리 아름다운지
알 길이 없습니다
그대로 하여

우리의 사랑

풋풋한 사랑이
세월이라는 연륜으로 익어
달콤함 간직한
참사랑이 되었네요

세월이 유수같이 흘러도
거목처럼 버티어선
우리의 사랑에
다시 붉은 장미를 바칩니다

아리땁던 청춘의 향내는
그대로인데
머리 위에 내리는 서릿발은
훈장처럼 늘어만 갑니다

언제나 있는 그 사랑
변하지 않는 그 마음으로
불멸이라는 황홀한 열매를 준
당신의 참사랑에 감사를 드립니다

지금도
끊임없이 밀려오는
세월의 파고에도
든든히 버티고 선 당신이 있기에
나는
다시 많은 세월에
사랑을
말할 수 있겠습니다

우리의 사랑에
행복 가득합니다

아내의 눈빛

큰 눈망울 호숫가에
촉촉한 물기 머금고
붉으스럼 꽃으로 단장했지요

온
세상 품은 채
콧대 높아도
날
바라보는 눈빛은
사랑 가득했구려

천만리 떨어져 보니
세상이 온통
아내의 눈빛으로 가득한데
손 내밀면 잡히지 않는 안타까움에

사랑 가득한
그 눈빛만 떠 올립니다.

당신

그리움이라 하기에도
사무쳐
비어있는 가슴을
채우는 건
바로
당신입니다.

어쩌다
마주친 아쉬움도 아닌데
매일 같이
살 부대끼고 살아왔어도
언제나
두근거림을 주는
참으로 놀라운 매력을 가졌습니다.

하루의 해가
지고
또 다른 하루가 와도
당신이 있는

그 하루는
날마다 색다른 모습으로
내게 신비감을 줍니다.

언제나
그리움에 목말라 하면
살포시 목을 축여 주고

어느 땐가
세상이 힘들어 울고 있으면
포근히 안아 주던 사람도
당신이었습니다.

짧은 것 같은
그 세월
당신으로 하여
당신으로 인해
살아왔음을
참으로 감사하다 말합니다.

세상의 아름다움이
세상의 즐거움이
뭐냐고 내게 물어준다면
다만
손잡고 휘파람 불며
누군가와 걷는 모습이라고 말합니다.

그 누군가가
바로
당신입니다.

사랑합니다.
사랑 가득 보냅니다.

굳이 사랑이라 하지 않아도

굳이
사랑이라 하지 않고
에둘러 이야기한다
그냥
정이라고

마냥 좋아라
그대
향기 느껴 올 때

포근히
감싸며
바람으로 스쳐와도
이렇게
감미로운데

굳이
사랑이라 하지 않고
그냥
참 좋네 한다

보이지 않으면
목메 하며 헤매는데도

손 놓으면
멀리 사라져 버릴까
두려움 가졌으면서도

사랑한다 말하지 않고
손 참 따뜻하네 한다

내 사랑을 가슴으로 느끼라 하며
내 사랑을 눈빛으로 알아라 하며

내 사랑 그대

연분홍 꽃이에요
화사함보다 우아함으로
미소 머금고
맑은 눈동자 속으로
사랑 가득 담은 꽃이
당신이네요
빗방울 떨어져도
세상 티끌 날아와도
사랑으로
푸른 하늘을 안은 당신에게는
스며들지도
내려앉지도 않는
도도함 넘치는
설산 같음이 당신이랍니다
오래 보아도
오래도록 느껴도
오래 오래 함께해도
언제나 한결같이 맞이하는
포근함과

은은함을 안은
해 같고
달 같음이 당신이랍니다.

구애

길가에 핀
꽃 한 송이 꺾어
손에 들고

가슴엔
한가득
사랑을 품고

팔 벌린
손 펼쳐
하늘을 안으면

그대
온 마음을
가지는 거지

좋은 사람아!

좋은 사람아!
좋은 사람아!
내 꿈꾸는
마음들은 저만치 있고
내 사랑하는
마음들도 저만치 있다네
비워둔 마음이
노래할 때쯤
뒤돌아선 모습이 쓸쓸하지 않도록
좋은 사람아!
좋은 사람아!
너무 앞만 보고 달리지 말자
가끔은
뒤돌아보고
가끔은
땅도 보고
하늘도 보자

아내에게

살 부딪고 함께한 시간이
살아온 삶의
반을 훌쩍 넘긴 세월
머리엔 어느 사이 서리가 내리고
잔주름 훈장처럼 늘어만 가네요

호수 같은 눈망울에
가끔씩 물안개 피어 왔고
설움의 세월도 꿋꿋이 견뎌왔구려

거리를 함께 걸으며 연인의 사랑 주고
처진 어깨 도닥여 주는 친구 되어 주며
먼 길 함께 하는 인생의 동반자여

마법처럼
며느리로, 아내로, 어머니로, 할머니로
힘든 내색 대신 환한 미소로 대답하는
장미보다
백합보다
더 아름다운 꽃이여

오늘
레드 타이 와인잔에
그랑크뤼 와인 부어
그대에게 감사히 드립니다.

먼 길 함께하고 싶습니다

고운 향기 풍기며
고운 마음 품으며
고운 걸음으로 함께 걸으며
그렇게
손잡고
먼 길 보듬으며 가고 싶습니다.

혹시나
내 걸음이 빠르지 않을까
행여 내 걸음이 늦지 않을까
신경 쓰지 않고
손 꼭 잡고 도란도란
고운 이야기 나누며 걸어가고 싶습니다.

계절의 흐름이 빨라지고
별의 반짝임이 아름다워질수록
우리가 함께할 제한된 시간은
얼마나 남아 있을까요.

기억의 소자가
우리를 희롱한다 해도
지금처럼
고운 향기, 고운 마음, 고운 걸음으로
그렇게
손잡고
먼 길 함께하고 싶습니다.

제2부

그리움에게 주는 편지

그리움에게 주는 편지

그리움아
너는
뭘하고 있니?

난
울다 지쳐
잠이 든다.

그대 보고픈 날

그대 보고파 우는 날은
칼바람도 차갑지 않은데
그리움이
눈물로 시를 쓰게 하고
보고픔이
목말라 물가에 서게 했어요

물만이 흐르고
바람만이
스쳐 지나는 줄 알았는데
시간도 흐르고
인연도 스쳐 지나갑니다

물도 시간도 흐르면
담겨 있는
미련도 아쉬움도 걸러져버리고
바람도 인연도 스쳐가면
꽃잎마저도
날아가 버리는데
그대만은 머물러 있네요

사랑과 그리움이
그대 보고파 우는데
그대
어디쯤 가고 있나요

보고 싶다 말할래

네가 날 보고프면
넌
무슨 말할래

난
네가 보고프면
더 보고 싶다 말할래

보고프다고
네게 말하고 나면
가슴속 응어리가 풀리고
너도
내 마음 조금이라도 알아줄 테니

네가 싫은 소리 해도
보고프다 말할래

사랑과 이별

사랑은 햇살로 오고
이별은 바람으로 오네

사랑은 은빛 물결로 오고
이별은 붉은 파고로 어둠을 부른다

사랑은 동녘에서 피어나
이별은 서녘으로 간다

봄볕으로 왔다
가을볕에서 떠나는 사랑

헤어지는 길에서 손잡고
다시 만남을 기약하지만

머리 위로 내린 은빛 서리는
다시 못 만날 이별을 이야기한다.

사랑이니까 아픈 거야

외로움 지나쳐
그리움 느끼고
가슴 가득 안아 놓쳐 버리면
허전함만 오는 게 아니지 않나요

기다림의 시간에
바라만 보는 안타까움
내면에 잠자는 그 맘을
표현할 수 없는 두려움으로 하여

사랑을 버리면
다 사라져 버릴까요

가슴속 파고드는 쓰린 고통으로
나날을 고문하는 사랑은
어떤 고운 사랑을 위한 인내인가요

파르르
떨림으로도

가슴 찢는 통증으로도
애달픈 통곡을 겪은 뒤에
사랑을 가져온다고 하여
그 사랑을 포기할까요

그 뒤로 오는 따스함을 안은 사랑
가슴 떨림과 설렘과
두근거림
환희처럼 안겨 올 그 사랑을
아픔이 있다고 그 사랑을 포기할까요

사랑은
아픔을 동반하고 오는 기쁨
그 아픔을 감내할 수 있는 사람만이
사랑할 자격이 있지 않을까요

사랑이니까
아픈 거예요
더 뜨거우니까 더 아픈 거예요

재회

꿈으로 오네
바람으로 오네
노을빛으로 서산에 오네

채울 수 없는 아쉬움으로
기다림에 목메어하다
눈가에 이슬 맺으며
서산에 해 걸어 놓네

작은 떨림도
내겐
행복이기에
날마다 기다리는 설렘

그렇게
애달파하면서도
애틋함으로 채워지는 날들 지나

바라만 보아도 좋은 시간에
오감으로
내 가슴에 안겨 온 기쁨

고독

많은 사람 속에 있어도
혼자인 거지
많은 사람과 이야기를 나누어도
혼자이었지
혼자라는 것은
존재감이 없어
아무도 찾지 못하는 거야

가슴은 뻥 뚫려 있고
마음은 휑하니 날아가 버리고
발걸음은 무겁디무겁고
세상은 온통 슬픔으로 싸여
지체할 수 없는 눈물바다지

혼자라는 것은
의지할 데가 없다는 이야기
저 우주의 공간에
버려진 고아가 되어
블랙홀 속으로 혼자만 빨려가는 거지
외로움과 함께

그립다

그리우면
그립다 이야기하자
사랑하면
사랑한다 이야기하자
네
고백이 늦어질수록
후회의 산들은
더 높이
네 갈 길을 막고 서리니
그리우면
그립다 이야기하자
보고프면
보고프다 이야기하자.

그리움의 이름

한낱 들꽃에도 이름이 있는데
내 그리움의 자락에 이름이 없다
어제 빛나던 날의 그리움
오늘 슬픈 만남의 그리움
그리고
내일 황홀한 날들을 기약하는 그리움에
이름이 없이
그냥 그리움이라 한다

추억과
현실과
미래가 다르듯이
내 그리움에 이름을 짓는다

어제의
즐거웠던 날들에는
추억의 사랑이라 이름하고
오늘
설렘 안고 만난 그리움엔

달콤한 사랑이라 이름하고
별을 보고 그리우면
별 사랑이라 하고
들꽃보고 그리우면
들꽃 사랑이라 이름 짓자
그리움은 사랑이니까

날마다
그리움으로 오는 내 사랑에
이름을 짓고
날마다 그대에게 사랑을 보낸다

외톨박이

침묵이 밀려오는 시간에
둘러보았다
사막도 아닌데 사막에 서고
산속이 아닌데 산속에 있다

하얀 눈 위에
첫 발자취 남기는 혼자가 되고

가까운 듯
친밀한 듯
손 내밀고 조잘대던 모습들
어디로 갔을까

언어의 다정함도 사라지고
따스한 스킨십도 없다 지금

지구의 한 모퉁이에 서고
외롭단 생각에
다이얼을 돌리려 해도
그 많은 전화번호 중에 돌릴 곳이 없다

어둠이 내리고
적막이 밀려오고
수많은 불빛 속에서 홀로 버려졌다

사랑의 회상

영혼이 꿈꾸는 곳으로
나비 춤추듯
날갯짓하면
하늘하늘
네 부드러운 손길도 같이
날갯짓하고
잠자듯 고운
사랑의 숨결 소리
편안함을 안겨오는데
어디서
단잠을 자고 있는가
청춘의 혈기야!

그리운 마음

내 그리움의 끝에는
네가 있고
네 그리움의 끝에는
내가 있고 싶다

밤마다
잠 못 들고
밤마다 네 생각으로 채우고

내 곁에 누운 그대인데도
애처로워 그리운 눈길 보내고

가슴 가득 안아도
채워지지 않는 그리움은
네게 다 주지 못한 사랑이
가득하기 때문인가

종일 추적추적 비 내려도
내 가슴은 젖지를 않는다.

고독을 느끼며

한잔 술을 마신다
허한 가슴이다
밀물처럼 밀려오는 이것
무인도에 홀로 남아
울고 있다

자신만만
당당한 위용은 사라진 지 오래고
낡은 다이어리에 빼곡한 전화번호도
주인을 잃어버리고
술자리에 마주한 상대는
허깨비다

천길 벼랑에 선 산양은
진퇴를 잃고
울부짖는다

사랑하는 사람아!
그리운 벗이여!
내 영혼이여!

설 자리 잃은
도시의 섬에
울부짖고 있다
이렇게….

그리움에 잠 못 든 밤

밤이 길어 잠 못 들었나
그리움이 길어 잠 못 들었나

생각의 끝에 졸음이 오는가
졸음의 끝에 생각이 오는가

어둠이 내린 곳엔
그리움도 내렸는데
영롱한 별 되어
그리움도 또렷이 빛나기만 했다

생각은 바람의 나래를 접고
꿈꾸는 사랑의 세레나데는
오바드가 있기까지 계속되었다

순결과 순정을 향한
소박한 사랑은
차가운 새벽 공기로 안겨오는데

못내
잠 못 든 밤은
무슨 생각이 그리 깊었나

아픔

바람이었을지 모른다
꽃으로 태어났음에도
향기를 잃고
화려한 의상을 걸쳤음에도
눈길 받지 못한 서러움으로

구름이었을지 모른다
집시가 되는 업보로 하여
일어났다 사라져가기에

꿈이었을지 모른다
버거운 삶에서 벗어나면
다시 어려움으로
채워져 오기에

그래도
다시 날개를 펴고
푸른 창공을 날아 보고
새싹을 틔우고 꽃을 피워야지

우울한 날

술이 오더라
그림자 대동하듯
그리움 데리고
눈물 뚝뚝 흘리며 오더라

어제는 어제였는데
오늘인 양
필름을 돌리고
흐트러진 모습도 그냥인 채
서러움 안고 오더라

나의 오늘은
어제의 내가 바라던 모습이 아닌 채
가슴에 달 하나 품고 왔건만
달마저 져버린 가슴이더라

버리고 왔던 길

버리고 돌아가는 길
널브러진 마음들이 눈물 글썽이고

버리고 돌아가는 길
자꾸만
뒤돌아 뒤돌아본다

미련이
저만큼 더 자라기 전에
부여잡는 손길 뿌리칠 여력이 남았을 때
질끔 눈 감고 갈 수 있는
걸음이 좋다

아쉬워
눈물 글썽일 사랑이 남았음에 좋고
먼 훗날
그리워 추억이 될 수 있어 좋다

못다 한 마음
못다 한 사랑
그 언제였던가

눈가에 맺히는 이슬

이슬이
왜 눈에 내리고 있나

그대
아리따움 위로 내리는 우수
이슬은
왜 눈가에 맺히나

억눌린
사랑의 하소연처럼
갈망하는 사랑의 포옹도 많은데
눈가에 맺힌 이슬
진주알 같은 눈망울로
방울방울 영롱히 떨어져 내리나

그렁그렁
설움 안은 사랑은
또 얼마나 고운 사랑하고픈 것일까

잠들지 않는 밤

자지 않는 밤이 있다면
이 밤이겠지

잠들지 못하는 밤이 있다면
이 밤이겠지

별들도
잠들지 못해 초롱초롱한 밤

까닭 없는 설움도 아닌데
근심 있는 밤도 아닌데

임 보고픈 맘이
잠을 부여잡고 실랑이하며
졸음을 물리치는 밤

사랑이라는 단어 되뇌고
그리운 맘 가슴에 품고
못내
하얗게 잠들지 못하는 밤

그대 그리운 날

그대 그리운 날
또다시 창가에 서면
먼 하늘 한 점 구름이
그대로 하여 오고
파란 하늘이 멍든 가슴으로 옵니다

머리로 가슴으로
그대 그리고
그대를 안고
따스한 커피향에 그대 사랑을 음미합니다

사무친다는 말은
그대 향한 내 그리움의 언어요
외롭단 말은
그대 향한 사랑이 만든 언어입니다

시간이 갈수록
그리움 더하고 사무쳐오기에
하늘은
파랗게 텅 빈 외로움입니다

제3부

그대의 꽃이 되어

사랑 꽃

관심으로
싹을 틔우고
그리움으로
꽃을 피운다

한결같은 마음이
거름이 되고
눈 떼지 않는 꾸준함으로
정성을 다한다.

때 묻지 않는 순결함으로
행복의 새순이 자라고
그저 미소만으로
몽우리 맺고 꽃을 피운다

세상에 하나밖에 없어
귀하디귀한 꽃
사랑 꽃!

그대의 꽃이 되어

가슴에 품어야 피는 꽃처럼
그대 품어서
피어나는
꽃이 됩니다.

날마다
부르는 이름으로
그대의 정원에 나를 심고
날마다
그대에게 미소 보내는
꽃이 됩니다.

산들바람에도
나의 향기를 담고
햇살 따라 그대를 따르는 그림자 되어
항시 그대 곁에
고운 향기로 머물겠습니다.

가끔은 바람이 없고
가끔은 햇살이 없어도
기다릴 줄 아는 계절의 꽃으로도
그대를 바라보고 있겠습니다.

오늘은 산들바람도 불고
햇살 맑은 하루입니다.

네가 꽃이 아니었으면

네가
꽃인 줄 몰랐을 때는
마냥 미소 띠고 널 편히 바라보았다

네가
꽃인 줄 알았을 때
싸늘한 표정 짓고 빛바랜 추억이 되었다

네가
장미인 줄 알았을 때
두려움과 함께 느껴왔던 공포
화려함과 꽃향기 그윽함에 감춰진
가시들을 보았다

초록에 가려 잃어버렸던 숲처럼
빨간 꽃잎으로 비상을 숨기고
고요한 듯 청순한 향기는
최면을 불렀다

아~~!
네가 꽃이 아니었다면
네가
꽃인 줄 몰랐더라면

가을 들꽃

네 모습이 그리워
나선 들길 위에

네 닮은 놈들 왜 이리 많니?

하이얀 모습에도
노란 얼굴에도
보랏빛 표정에도

큰 놈
작은 놈
색깔과 크기만 다를 뿐

하나같이 너희 모습들이다
서양 코쟁이들 다 똑같아 보이듯 말이다

쑥부쟁이, 고들빼기, 씀바귀, 구절초
사데풀, 금불초, 개망초
도깨비바늘이니

조밥나물이니
부르기만 해도
정겨운 이름들

하늘 향해 손짓하고
살랑 살랑 분향기 날리며
걸음마다 상쾌함 나누고
미소 가득 머금게 하는
네놈들이 다
가을 들꽃이구나

이 꽃이 알고 싶다

스치며 지나는 미소가 아름다워
누군가하고 궁금한 적이 있는가?

향기로운 내음에 취해
이 향기의 정체가 무언가
알고 싶은 적이 있는가?

길가에 널브러지고
짓밟힌 틈새로 고개 내민
들꽃

봄
여름
가을, 겨울
4계절마다에
미소 짓는 꽃들이
누구일까 묻고 싶어
'이 꽃이 알고 싶다' 에 노크한다

복수초, 제비꽃, 깽깽이풀, 노루귀, 족두리풀
패랭이, 꿩의다리, 이질풀, 부처꽃,
숫잔대, 구절초, 서나물, 쑥부쟁이. 꼬리풀

참 그 이름도 이쁘다

많은 사람이
꽃처럼 모여 아름답게 어우러지는 곳
그래 참 좋다

마이산 산행

아삭아삭
낙엽 밟는 소리
오솔길 산행 걸음 재촉하고

낙엽으로 포근한 산길
길 따라
걸음마다
놓인 비단길에 감탄사 남긴다

울긋불긋 색감으로
산들을 칠할 적엔
스며든 햇살이
단풍나무 사이로 보석인 양 자랑한다

상큼한
산길의 바람 향기 정답고
손잡은 연인들의 사연
도란도란
낙엽에 새겨져가고

가파른
산행길에도
암마이산
숫마이산
마주 대하는 정겨움을 배우고

하산길
탑사에 쌓인 돌탑마다에
각자의 바람
하나하나 쌓았던 산행길

들국화

지난해엔 마음 없어 이름도 몰랐는데
지난번 들길에선 본 것 같지도 않았는데

스산한 바람 불어
바람 따라 떠나고픈 시간엔

무심한 마음속을
달래어 주는 꽃들의 노래

왕고들빼기가 웃고
도깨비바늘이 춤추고
망초며 개망초가 노래하고
구절초가 하늘 향해 기도하면
쑥부쟁이도 덩달아 휘파람 부는데

흩어진 마음잡아 바라다보며
하나하나
그 이름 불러주면
가을 들길은
들국화들의 춤사위로 야단이다

은행나무

그리움에 겨워
주렁주렁
노란 손수건을 매달지 않아도
넘치는
보고픈 맘을 알 수 있는데

마음의 정표로
거리마다에 노란 손수건 달고 갔네

황홀한 고백을 하지 않아도
눈망울 속에 비친 애수로
가슴 찡한 사랑 알 수 있는데
노란 꽃다발 한 아름 안고 온다

바람에
날리는 것은 낙엽이 아니라
사랑,
창공을 향해 절규하는
손끝마다의 흔들림과
카드섹션의 화려함이 내 맘이다.

홀로 남은 꽃

외로이 떨어져 있었네
외로이 울고 있었네
모두가 지고
모두가 떠나간 자리 위에
홀로

이 계절에
한 송이 꽃으로 남는다는 게
이 계절에
홀로 남아 있다는 게

빈자리를 채우지 않은 채
버티고 선 곳에
내 영혼의 추억이라도
채우고 보자꾸나

북서풍이 불어온다
북풍이 온다

그래도
버티고 선
한 송이 외로운 꽃에게
따스한 온기 주게
양지바른 자리
내어주고 싶다

사랑의 싹

그립다 말하고
그립다 화답 받는다
보고프다 말하고
보고프다 화답 받는다

서로의 마음을 주고받고
그리움도 나누고
내 마음이 네 마음이 되고
네 마음이 내 마음이 될 때
하나가 된다

손잡으면 따뜻함 오고
눈 감으면 그리움 넘친다

마음이 편안하여 정이 넘치고
아낌없는 마음이 세상을 얻고
영혼은 춤추는 무희가 된다

날마다 날마다
그리워해도
날마다 지겹지 않게 그립고

내 눈물 속으로도
네 눈물 속으로도
함께 나누니 싹트는구나
사랑이

동백꽃 지는 날

느낌으로 오는 날
말하지 않아도
그대의 표정 속에서
주저함을 알아챘어요

준비하지 못한 급작스러운 시간에
그대
눈빛의 의미는
눈가에 슬픔을 잉태하게 하고

떠나야 할 때를
아는 사람의 뒷모습은 아름답다고 하던가

시들기도 전
제 설움에 고개 떨구는 안쓰러움

붉은 입술 머금고
핏빛으로 뚝뚝 서러워 울더라도
떠날 때를 알고 떠나는
모습이 아름다워요

한겨울에도 푸르름 띠고
눈 가득한 한파에도
거뜬히 이기고 선
분단장한 모습으로
도도하게
떠나는 동백꽃.

동백꽃

계절이 잠든 시간에
홀로인 양 뽐내고 싶어
차가운 북풍도 마다하지 않았느냐

혼자여서 외로울 텐데
그 외로움도 감내하고
홀로 피고
홀로 지고
둘러봐도 너밖에 없다

간밤
찬 서리 찬바람은 어떻게 견디었고
다가올 밤
눈 내리는 밤은
또 어떻게 지새우려고

노란 꽃술에 붉은 입술 한
도도한 네 맘 알아줄 테니
이 계절 지나고
봄날에 꽃 피우지그래

지지 않는 꽃

그대
내게 처음 다가온 날은
이렇게 꽃같이 아름다운 사람도 있구나
하고 읊조렸죠
아니에요
그댄 꽃이었습니다

열망하는 마음으로
그대에게 다가가기를 기도하고
두렵고 간절함으로 아침을 맞이했던 기억들

참으로
그대의 도도함과 거절의 벽은
높디높았습니다

설렘과 떨림은
두려움과 절망을 부르고
사랑에 대한 의지도 꺾여갔기에
절벽에 선 마음은 삶의 의미를 잃었고
죽음은 친구처럼 찾아오기도 했습니다

어느 날
햇살 가득 안고 내 사랑에 답한 그대

그대의 환한 미소가
시들어가던 화초를 살리고
희망의 무지개를 창공에 띄웠습니다

그러나
또다시
맞이한 사랑의 장벽을
인내와 진심으로 걷어내었죠

촉촉이 젖어왔던 그대의 눈과
설움과 사랑의 승리에 감격했던 날이
주마등같이 지나갑니다

하얀 목련의 순수함으로
장미의 붉은 열정으로 다가왔던 시간

황홀함 안고
다가왔던 그 날은
온 세상을 얻은 날이었습니다

돌아보면
어제 같던 날들이
흘러 흘러
이 아름다운 날들을 맞이합니다

사랑하는 마음 가득 안고
그대를 봅니다
누가 꽃이 진다고 하던가요
지금
그대
꽃은 진다는 진리를 벗어났어요
이렇게 지지 않는 꽃도 있군요

사랑합니다
많이 많이 그대를….

도깨비바늘

모진 한파 이기고 기다려
아담한 꽃피워서
그 노란 꽃 들고
사랑 고백하려 했는데
임은
외면한 채 떠나버렸네

푸르른 날을 열망으로 기다리고
간절함 품은 서러운 날로
우산* 받쳐 들고
빗길 걸어가며
한여름을 뜬눈으로 보내었지

오지 않는 임 기다리다
가을 지나
겨울에 만난 임

임 그리다
시린 가슴에
앙상하게 뼈만 남은 손길로
바짓가랑이 부여잡는 네 기다림

한겨울에도
갈고리로 변한 네 절규는
가지 말라고
가지 말라고
임 붙들어 잡아채며
애원하는 사랑으로 남는다

* 우산 표현은 도깨비바늘의 의미를 나타냄

시들지 않는 꽃

시들지 않는 꽃이 있다기에
꽃들에게 물어보았죠
꽃들이 빙긋 웃으며 살며시 말했어요

"그 꽃은 분홍빛이에요
그 꽃은 눈부시게 아름다워요
그 꽃은 너무나 향기로워서
이성을 마비시켜요
그 꽃과 유사한 꽃에 주의해야만 해요
맑고 아름다운 눈으로 봐야만 해요"

석양의 노을 같을까
달무리에 쌓인 보름달 같을까
시들지 않는 장미가 있을까

맘속에 포근히 안겨오는 환희
가슴 두근거림으로 오는 설렘
이야기할수록 빠져드는 매혹

꽃은
이래야 되는 거야
꽃은 언제나 한결같아야 되는 거야
모든 걸 다 주어도 아깝지 않아야 하는 거야
시들지 않는 꽃
영혼 불멸한 꽃
사랑!

씨방

한 계절
두 계절을 참고 견디고

이쁜
미소 머금었다가

큰 웃음으로
세상을 포옹하고선

돌아서
내년을 기약하는
약속의 손가락 품었네

임 마중

꿈길로도 오시길 기다리면서
당신이 오실 그 길에
돌부리 치우고
꽃잎을 뿌립니다

혹 밤길에 오시면 어쩌나
걱정스런 맘에
외등 환히 밝히고
달빛도 환히 비추고
먼 마중도 마다하지 않으렵니다

오는 추위 있을까 태양을 훔치고
내릴 눈보라 비바람 있을까
구름도 보내 버립니다

가벼운 옷차림
환한 미소 머금고
사뿐사뿐 고운 걸음 오시면
꽃 나비 대동하고
동구 밖부터 기다립니다

시를 위한 소망

내 작은 영혼을
너에게 팔마.

나에게
빛나는 감성과
화려한 언어를 다오.

내 웃음을
너에게 주마.

나에게
넘치는 눈물과
어린 양털 같은
부드러운 마음을 다오.

타인과 공감하고
너에게까지
내 마음을 전할 수 있는
백옥 같은
글귀와 음률을 다오.

머무르지 않고
추하지 않고
물 흐르는 듯한 노래를 다오.

내 시와
내 마음이
잔잔히 모두에게 전해지도록.

회상

문득
그대 생각이 났습니다
아득한 시간을 거슬러
손잡고
개울을 건너던
그때의 그대가 생각났습니다

분홍빛 미소 머금고
콧노래 부르며
풀밭 길 과수원 길 지나며
흥겨워 하던 그대 미소가 생각났습니다

가끔은
시간을 거슬러 가고픈 것은
비단 나만의 일일까요

어느 날
돌아간 개울가는 변해 버렸고
풀길은 없어지고
동구 밖 과수원은 사라져버렸습니다

세월의 무상함 위에
포개어진 추억이라는 꽃은
지금 꼭 잡은
그대의 손으로 스며오기에
함께 느끼며
그 향기 맡아 봅니다.

제4부

봄비 따라오신다더니

입춘

그것은 긴긴 겨울잠에서
깨어나라는 외침이다
그것은 추위에 아랑곳하지 말고
새로운 시간을 준비하라는 알림이다

이제 사랑을 하고
기지개를 켜고 생동하며
새싹을 틔울 계절이 왔다

말하지 않아도
들려오는 기쁨의 소리

봄이
봄이 가까이 왔다

사랑 봄맞이

주옥 같은 글들로
봄을 예찬하면
언 땅 위로 봄이 기웃거리고
접었던 날개를 펼칠
나비의 준비가 시작된다

꽃도 노래도
가슴속에서
사랑 따라 단장하고 나서는데
뱃고동 소리 출항을 알리면
비릿한 선창가에서도 봄 내음이 난다

봄볕은 아직도이지만
공명으로 울리는 예고는
검불에 사랑의 불씨 지폈다

다소곳이 여민
매화의 꽃망울
사랑의 노래는 어디서 시작인지
벌써 노랫소리 향기로운데

감미로운 음률에
손 내밀면
향긋한 시간의 내음
꿈꾸듯 사랑 봄을 맞이한다.

새해

어제와 다르지 않은
해이건만
어제와 다른 해가 뜬다
어제에는 추억을 실었고
오늘은
희망을 실은 어제와 다른 해

동해에서
산에서
도시의 아파트 사이로
어제와 다르지 않은
새로운 태양이 솟아오른다.

암울했던 어제를 잊어버리라는 양
기대와 소망을 품은
둥근 해가
가슴속에서도
환한 미소 머금고 솟아오른다.

어제보다 나은 내일을 위해
꿈꾸게 하는 새날의 태양

복되고 복된 날들이여!

내 사랑하는 이들과
내 지인들과
모두에게
새해에는 소망하는 모든 꿈이
이루어져
다사다난하지 않은 해가 되기를
빌어보는
새해 첫날 아침.

봄을 향한 여정

언 땅 밑으로
봄의 향기를 모으며
바람결에 새 꿈을 숨긴 나목은
대견스럽게도
칼날 같은 고통을 잘도 참고 견딘다.

시간을 멈추어 세우는 그리움으로
청춘을 붙잡은 사랑으로
얼어붙은 겨울을 녹이는
향기 짙은 커피 한 잔에
겨울은 그렇게 친숙해 가건만

살을 에는
계절의 심술은 여전해도
오늘은
포근히
대지도 가슴도 감싸온다.

겨울비 내림은
봄을 향한 모두의 바람이 온기 됨인가!
빗속으로
봄의 외침이 들린다.

봄마중

봄볕에 스며오는
그리움
꽃향기에 묻어오는
보고픔
기다리다 지쳐 부르는
노랫소리 듣고서
아지랑이 따라 사랑 피어오른다

네 향기 고와
미소 진 마음들이
슬그머니 품속으로 안겨오는
봄 동산엔
아름다운 사랑 이야기
새싹으로 돋아나고
새 풀 옷 입은 봄 처녀 제 오신다

풀잎 풀잎마다
이슬 머금은 봄 아침은
영롱한 이슬 같은

사랑하고픈 이들의 소망이
산과 들에 가득해지고
나도
고운 사랑 나누려 봄마중 간다

3월

너무나
기다리게 하여 가슴앓이를 하고
가슴 가득
품을 수 있음에 벅차 오고
마음 평온히
쉴 수 있으니 정이 갑니다

싹을 틔우고
꽃을 피우고
콧노래 흥얼대고
환한 웃음과
미소 볼 수 있음에
'봄'이라 하나 봅니다

정겨운 모습들이
희망을 이야기하고
사랑이 뭉실뭉실 피어나기에
3월을
춘삼월 호시절이라 하고

모든 게 신기하여
초봄이라 하나 봅니다

안고
정들고
웃고
사랑하여
어두운 것 없이 시작하는
이 시간은
3월입니다.

삼월의 향기

수줍어
돌아선
그대에게서
봄 향기가 났습니다.

봄비가
꽃을 시샘하여
대지를 적셔 감추어 버리려 해도
따사로운 당신의 미소에서
봄 내음은 대지를 녹였습니다.

그렇게
봄볕 거느리고
산들산들 꽃들을 데리고
삼월을 찾은 사랑의 싹들이
애틋한 사연으로 옵니다.

삼월은
향기로운 언어입니다.

봄볕

살며시 다가가
입맞춤하면
화들짝
놀란 몽우리들
잠에서 깨어
꽃망울을 터트린다.

숨죽인
풀 내음도
도시 속에
잠든 마음들도
느린 걸음에서
빠른 나래 짓으로
사랑에 화답하며
달콤한 기다림들이
여운으로 온다.

봄비 따라오신다더니

봄비 따라오신다더니
봄비 내리고
매화 향 짙어져 가고
새싹 파릇 파릇 돋아나는데
한 번의 봄비로 부족하시나요

눈 녹고
어름 사라진 시간이 언제인데
그리운 맘만 안기고
봄비 내려도 오지 않으시니
언제까지
하늘을 바라보고 있어야 하나요

꽃향기 향기로워
산수유 피고
논두렁 밭두렁에 봄나물 고개 내밀고
쑥 향 그윽해
봄나들이 걸음 가벼운데

개나리 진달래 피고
벚꽃 만개할 계절도 아니라면
봄비 아니라
꽃비 나리는 날 오시려나요

봄비 내렸는데
그대에겐
아직 봄비 오지 않았나 봅니다

봄비

어제
햇살 가득 받고
오늘
대지를 촉촉이 적시는 비 맞으니
오지 말라 해도
마른 가지 위로 새순이 움튼다

바람결에 움츠린
응달의 봄 손님들도
땅속으로 스며드는 빗물 놓지 않고
내일
따사로이 피어오를 아지랑이와 함께
새싹을 틔우리니

비 내리는 소리보다
꽃노래 부르는
벌 나비의 흥얼거림이
춘삼월을 환하게 환영한다

가을로 가는 길목에 서서

세월이 흐르는 강가에 서면
가을로 가는 길목에도 서게 됩니다
푸르른 하늘이 마냥 보고파 고개를 들면
뭉게구름 너머로 가끔 고개 내민 얼굴이
어제였다면
오늘은 자주 민얼굴이나
양 떼나 새털로 날리고
저마다 부산함으로
높아지는 파란 바다가 됩니다
아직은 따가운 햇볕에 노출을 꺼리지만
들녘의 한편엔 낯익은 목 인형이 서고
가지가지마다 짙어지는
결실의 시간을 만들어갑니다
하늘거리는 살살이 꽃의 반가움이
멀리 떠난 이의
소식을 안고 올 것이라는 기대로
나뭇잎을 퇴색하게 하여
가지가지에
노란 손수건을 달아가는 길목에 섭니다.

가을비 내리는 풍경

비 오는 날
창밖 풍경은
유화가 아니라 수채화

처마 밑에
웅크리고 앉았다 해도
낙수 속에
동그란 얼굴들이
환하게
스치며 지나가고

거리를
헤매면
누군가 뒤에서 종종걸음으로
우산 받쳐 줄 사람 있을까
기대감에
거리로 나서고

내 가슴속에
네가 있다는 것을 확인하기 위해
가을비 내리는 거리 거리에
설렘을 뿌린다

가을이 날리고 있네

산과 들이
치장을 마치고
눈부신 푸르른 날들을 향해
손짓을 하며
가을이 날리고 있네

내 뒤를 따르는
나뭇잎들의 종종걸음에
움찟 놀란 발걸음 뒤로
나란히 줄달음치는
낙엽과 함께
가을이 거리를 거닐고 있네

가을꽃도
익어 가는 세월
을씨년스럽게
자주 불어오는 바람으로
옷깃을 여미면
마음도 움츠려오듯
가을도 움츠리며 가고 있네

꽃들의 향기 옅어가고
낙엽도 책갈피 속으로 숨고
그리운 얼굴도 달그림자에 포개어진다
인생의 바람[望]도 저물어 가듯
그렇게
가을이 날리고 있네

늦가을

깊어 간다는 것은
또 다른 시간을 향해 가는 것
버림의 미학이라 해도
채울 수 없는 버림은
허무를 잉태하네

튼실한
열매를 맺어
가을은 깊어서
겨울을 부른다

깊어진 계절이
떠남을 이야기할 때면
노란 내 이야기들도
책장 사이로 숨어버리겠지

아직
드러나지 않은
네 나신 위의 옷깃이
무심한 가로수를 여미고 있는데

스산한
바람 부는 달 밝은 밤에
다만
손잡고 별들을 헤아리고 싶다

가을 햇살

은행잎을 노랗게 물들게 하는
너의 풍요로움이
잠들어 있는 영혼을 깨우고
소박한
소망의 싹으로
자라게 하는 손길

생각만 해도
감미로운 들길을
더 꿈꾸게 하는
부드러운 숨결이 내린다.

수수함마저도
넉넉함으로 채우는 햇살이
신비로 장식하고
오늘은
내 정원에도
찬란히 내린다.

늦은 가을밤

비워버린 가지 위로
바람이 불고

인적 끊긴 오솔길로
낙엽이 쌓이네

사각대는 갈대의 노래가
고요를 깨우면

덩달아 우는 풍경 소리에
잠 못 든
노승의 기침 소리 들린다

가을을 보내며

사랑에 불붙어
산을 태우고

이별이 서러워
낙엽이 되네

갈바람 속에도
마음속에도
타지 않는 맘들 태워
미련도 보내면

산들대는 억새풀
빈손 벌린 가지 끝에
파란 창공이 시려온다

눈

빛을 인식하고
어둠을 알아내고
붉음과 하양을 식별하여
색상을 구별하고
추함과 아름다움을 분별하는
놀라운 능력은 어디서 왔을까

반짝이는
작은 호수엔 세상도 담고
온 마음도 품고
차가움과 따스함으로 바라보았지

깜박이는
세상의 자물쇠를
빗장 아래로 여밀고 나서면
기쁨과 슬픔의
진주알도
영글게 하네

겨울비

비가 내린다
내 마음이 내린다
가지 끝으로
바람 속으로
안개비 되어 앉는다

쓸쓸함도 안개에 가려 알 수 없는 양
빈 가지 끝에 알알이 열리고
잊힌 추억도 같이 맺힌다

먼 날은 먼 날대로 두고
거리엔
오늘의 삶에 바쁜 걸음들

눈 되지 못해 서러움 안은
겨울비가
창가로 날 부르면
차 한 잔 손에 들고
초점 잃은 눈동자를 한다

시공을 초월한 사색…

겨울비 내리면
어느새 창가에 서서
생각이 생각의 끝을 쫓아간다

12월

마지막 잎새가 되었다.
쏜살같이 시작하여
번개처럼 한 장의 달력을 남기고
벌거벗은 나목으로 서 있다.

희로애락을 고스란히 안고
한 해의 끝자락에는 미련과 아쉬움만 토한다.
가지 말아야 할 길
가야만 했던 길
꼭 가고 싶었던 길을 남기고
서산마루에 걸린 태양이 된다.

하루의 해도 서산에 걸리고
한 해의 끝도 12월을 남기고
인생의 끝자락도 황혼에 머문다.

휑한 바람 몰아
북서풍은 칼날처럼 날카롭게 분다.
12월은

더 스산하고 슬픈 노을인가,
다음은
새로운 1월의 시작인데도….

세모 歲暮

끝자락에 서면 숙연해지고
끝자락에 서면 반성의 마음을 가진다

세상의 끝도 아닌데
고작
한 해의 끝자락에 서서
회한과 후회의 시간을 가지고
아쉬움과 기대의 꿈을
동시에 꾸며
세월의 빠름에 놀라워한다

모두 한결같이
다사다난했다 말한다
돌이켜보면
다사다난하지 않은 해가 있었던가

사랑과
우정과
일과
그리고 욕망

모든 걸 가슴에 품고
바라던 대로
이루어진 해가 한 번이라도 있었던가
그래서
이때면 후회가 어김없이 찾아온다

그리고
다시 새해의 꿈을 꾸고
오늘보다 내일은
더 잘될 거란 희망을 품고
붙잡지 못하는 시간에
꿈을 가득 실어 내일에 보내어 본다.

제5부

와인과 우정 그리고 사랑

그대와 잔 기울이면

복숭앗빛
얼굴이 정답게 안겨오고
도화꽃
화사함 감추어 놓고

석류알처럼
촉촉이 물든 입술에
달콤함 머금은 채
끊임없이 유혹하는 향기를 낸다.

타오르는 마음 녹아내리게 하고
속앓이하는 마음 뱉어내게 한다.

술잔으로
사랑 삼키고
웃는 미소 머금어 마음 표시하고
잔
기울이면
이 밤을 하얗게 지새워도 좋지 않겠나,
임아!

그대와 와인을

포일을 벗기고 코르크를 열 때부터
기대하는 향기엔
그대의 미소가 들어 있었다

버건디의 색향이 잔을 채우고
과일의 향기와
부케향이 코를 자극할 때도
그대의 입가엔 만족한 미소로 번져갔고
블랙타이 잔에
사랑도 가득 부어져 있었다

한 잔 한 잔 건배에
공명의 울림이 가슴까지 파고들고
입안에 머금은 와인은
그리움도 함께 머금었다

마주 앉은 자리 위엔 황홀한 사랑 이야기
이 밤
밤새워 그대와 나누는 와인은

또 다른 우리들의 미래를 품고
방 안 가득 풍미로 채운다

와인 벗

내 아끼는 와인
네 아끼는 와인
아깝지 않지

5대 샤토니
게라지 와인이니
크리스털이니
알마비바니 개의치 않고
셀러에 감춰둔 와인 스스럼없지

별을 흐르게 하고
별을 마시는 샴페인으로 입술 당기면
가슴속에 숨겨둔 우정들이
정담과 함께 별을 내리게 하고

향기로운 우리들 맘으로
밤을 녹이면
레드의 풍미에 녹아든 정겨움이
발효되는 우정이 살아나고

눈물 나도록
사랑스러운 우정이 잔 안에
가득 품어지는 밤

와인에
녹아든 우정
와인에 품어져 오는 향취
좋다
마냥 좋다
그래서 세월도 나이도
와인으로 밤이 깊어 간다
와인 벗들아!

와인

와인은
붉게 내리는 꽃비인 거야

와인은
향기 품은 노래인 거야

그래
술이 아니라
불로장생약인 거야

피어나는 향기 속에
스며오는 향취 속에
살며시 사람의 향내가 난다

잔이 부딪쳐
은은한 소리가 나면
가슴속의
응어리도 녹아내리는데

붉은 향
하얀 향
그리움의 내음도 향기롭구나

와인의 풍미 담아
정담 나누며
따스함을 권하면
내 정다운
내 정겨운
내 사람들아!
부딪치는 소리마다 다정함이네

술자리

입술에 마주친 술잔
그리움도 서러움도 입맞춤 하나

술잔을 잡으니
마음도 잡히고
술을 마시니
세월도 마신다

아련한 시간들이
잔 속으로 녹아들고
녹아든 지난 이야기들이
입안에서 향기를 풍긴다

기쁨과 슬픔과 행복
사랑과 우정과 이별
온갖 안주들이
푸짐하게 올려지고
회상의 나래가 시공을 초월하면

비워진
술병 속으로
회한도 슬픔도 갇히어가고
잔 안엔 안도와 평온과 미소가
찾아오는데

잔 부딪치면
마주한
정다운 얼굴에도
포근함 건네며
주거니 받거니 세월이 간다.

와인과 사랑

잔 가득 붓지도 않고
원 샷을 이야기하지도 않고
반도 채우지 않고
스웰링하여
맛과 향을 가득 채운 채
조금씩
코로 입으로 음미한다

와인의 향내가
오감으로 오듯이
사랑의 눈빛도 버건디 색을 머금고
가슴 짜릿하게
온몸으로 파고드는데

쨍!
잔 부딪히는 소리
여운을 안고 퍼져가면
와인의 눈물같이 끈끈하게
안겨오는 정다운 사랑

바라보는 정겨움도 넘쳐오고
향긋함으로 스쳐오는 풍미에
사랑은 가만히
잔만 부딪혀도 섬광이 이는데

아련하게 깊어가는 어둠을 보듬고
임께 권하는 한 잔의 와인으로
얼굴도
마음도
홍조 띠며 사랑 보낸다.

벗에게

많은 시간을 함께하고
수많은 대화로 이어온 우정
소중한 벗아!
네게 다가가는 마음은
나도 소중해지고 싶기 때문이라네

아픔을 쓰다듬어 줄 수 있고
기쁨을 함께 나눌 수 있는 것은
아무나 하고 같이할 수 있는 일이 아니라네

네 슬픔을 같이하고
네 아픔을 쓰다듬어 주는 건
내 슬픔에 외로울까 봐
내 아픔에 쓰다듬어 달래고 싶어서라네

언제나 마음만 벗에게 달려가고
어렵지만 시간을 낼 수 있었음에도
시간 탓과 이해해 주리라는 믿음으로
네게 안긴 상처에 새삼 후회가 넘치네

온 마음을 다해 사랑하는 벗이여!
아직 늦지 않은 마음을 전하네
내게 소중하듯이
네게 소중한 벗으로
남은 시간 우정 넘치게 살아보세

종말

와인을
디컨딩한다

와인을
스웰링한다

꽃이 피고
과일이 무르익는다

입가에 맴도는
감미로움도

입가에 퍼져오는
실크한 느낌도
사라진 뒤엔

가슴에
머리에 스며든
그 향취와
그 미묘한 감성만 남았네

그대에게
사랑을 말하고
그대에게
안녕을 고하고

그렇게
남아 있는
지구의 모퉁이에서

태양이
폭발하여 모두가 사라지기를
기도하며

한 잔을 기우리고
눈물을 흘리며
그렇게
그대라는 아리따움을
떠나보내면

세상은 없다
네가 없는 세상은
종말인 거다

세상의 종말······.

친구에게

친구야!
한겨울 잘 버티고 있는가
복수초 폈단 얘기
여기 저기 사진으로 알려오네
매화꽃 봉오리 벌써 맺었고
매화꽃 피었단 이야기 들려오는데

친구야!
삶의 한겨울은 어떻게 버티고 있나
하루 소일거리가
운동하고 마나님 심부름하는 건 아닌지
등산 가방 메고
이 산 저 산
산천구경도 하루 이틀인데
눈 내리면 눈 온다 걱정
비 오면 비 온다 걱정일세

친구야!
환갑은

다시 시작할 나이라는 게
가을날 서릿발같아 서글프기도 하다
대지 위에 내려야 될 서리가
우리 머리 위에 왜 내리는지 말일세

친구야!
꽃피는 봄날에
아무 생각 없이 이 친구 보러 한번 오렴
쫓기는 삶 속에
나도 친구 보면 하고픈 얘기
투정도 많다네
네 힘든 일
내 삶의 무게 이야기하다 보면
가벼워질지 누가 아는가

친구야
황혼의 고갯길에 서면
어째야 할지
만나면

이런 얘기 저런 얘기
밤새도록 술잔 기울이며
이야기보따리 풀어 보세 그려.

문득

문득이란
말이 낯설지 않은 것은

문득
문득
그대의 목소리
환청처럼 메아리치고

문득
문득
그대의 눈빛
밤하늘 별 되어 다가옵니다.

가슴앓이하는 마음 내려놓으면
은은히 들려오는 사랑의 찬가
그대를 안고서
기쁨의 입맞춤하고 싶습니다.

문득
문득
생각나는 마음 있어
장미꽃 한 송이 들고 달려갑니다.
그대 있을까,
그 벤치로.

키스

간절한 눈빛과 손길은
사랑은 있으나 향기를 잃었다

언어의 유희는
화려함으로 치장해도
마음속 담은 사랑의 한마디를
뼛속 깊이 느끼게 하지 못하기에
붉은 장미를 바쳐도
다하지 못하네

정열을 담고
사랑을 실어 전하는 메시지
그대를 감싸고
그대를 안고 보내는
무언의 언어

사랑합니다
깊이 사랑합니다
말하지 않아도

포개어지는 입술사이로
가슴 가득한 사랑 스며들게 하는
뜨거운 입맞춤!

별같이 살자

친구야!
별이 내리고 있다
하늘에
구멍을 숭숭 뚫어 놓고
그 사이로 추억이 내리고 있다

밤하늘만큼 아름다운 게
또 있을까

어제와
오늘과
내일을 편 갈라도
밤하늘의 별들은 똑같더라
어제와 오늘과 내일이

친구야!
밤하늘 별같이 살자.

우리 임

우리 임
고운 임
사랑스런 임

환한 미소로
눈이라도 마주쳐 오면

온종일
그 눈빛
그 미소에
머물게 하는

우리 임
이쁜 임
포근하여 좋은 임

삶이 버거울 때

사랑 가득해도
삶이 버거워질 땐
바람이 되어
거리도 누비고
비가 되어
대지도 적셔 보자

무게도 없는 그 마음
희롱하듯 무게를 가지네
무거워졌다
가벼워졌다

세월의 강에 버려진 마음 주어
추억의 사진첩 만들고
웅크린 회색의 도시 위로
겨울이 지나가면
나
따뜻한 외투 벗어 임에게 입혀줄게

삶의 버거움도 내가 짊어지고
무거운 그 마음도 내가 가져갈게
임아!
웅크린 어깨 한번 활짝 펴보렴

동행

남으로 태어났지만
하나가 되고
나는 너에게
너는 나에게 기쁨이고 싶다

나는 너에게
너는 나에게 영원한 사랑이고 싶다

오는 길은 달랐어도
가는 길은 같았으면 좋겠다

서로의 밤길에 등불 되고
같은 하늘을 바라보고
같은 땅을 밟고
손 꼭 잡고 오솔길 걸으며
마지막 순간에 서로의 손잡고
먼 여행 같이했으면 좋겠다

인생길 험난하고
삶의 여행 힘든 일도 있었고 있겠지만
즐거운 여행길이었고
신나게 한세상 같이 즐겼다 말하고
떠났으면 좋겠다

너와 나의 동행이

메아리

낡은 축음기를 숨겨둔 채
내 사랑을 이야기하는
보물스러운 넌
어디에 숨어있었나

오늘도
속에 둔 한 마디 들려오고

달콤하게 외치는 목소리 쑥스러운데

어디를 가나 울림과 함께 오는
감동
사랑해!
사랑해~~!
크게 외치면
변함없이 들려주는
고백!

사랑

날마다 날마다
가득 가득 부어도
그 작은 가슴엔 넘치지도 않고

매일 매일
열심히 퍼내어도
그 작은 가슴은 마르지도 않네

꽃도 피고
열매도 맺고

잔잔한 미소 속에
편안함으로 오는 감흥

아지랑이 품고
환희로
아련 아련 마음이 춤춘다.

조용학 원장님을 기리며

보르도
부르고뉴
카베르네 쇼비뇽
멜롯 등
생소한 프랑스 지명과
혀도 잘 돌아가지 않는 포도의 품종을 말했다.

지루할 수 있을 수업 시간들과
지루해질 만남들을
유머와 위트와
시와 문학으로
와인의 문화가
와인의 풍미가 지겹지 않게
와인의 언어가 어렵지 않게
적당한 양념으로 왔던 수업들

저토록 와인에 박식하실까.
저토록 인문학 지식이 넓으실까.
저토록 잔정이 많으실까.

가만 눈 감으면
금방이라도 까랑까랑한 음성이 들릴 것 같은데
가만 눈 뜨면
정겹게 손잡아 주실 것 같은데
이제
모두의 손을 놓고 가시네.

아직도 배우지 못한 많은 부분
아직도 느끼지 못한 풍미
어떻게 할꼬
어찌할꼬
스승은 저-만치 가고 계신데

온화하던 모습이
잔잔한 미소와 해학이
너무 너무 그립습니다.
너무 너무 가슴 아프게 다가옵니다.

이제는
고통도 잊으시고 영면하소서.
편히 영면하소서.
와인을 딸 때마다
원장님을 생각하겠습니다.

※ 삼가 조용학 원장님의 명복을 빕니다!

제6부

부르지 못한 노래

어둠을 따라

백지 위로
마음이 내려앉고
펜 끝으로 눈물이 어리어 가면
쓰다만 심장의 고동 소리가
기적汽笛처럼 커져간다

누구는 밤을 기다리고
누구는 아침을 기다린다

아직 남은 그리움에
내 심장의 박동 소리는 고요를 지배하듯
쿵쾅거리기 시작하는 밤
어둠을 향해 춤추는 필름은
잠들지 못하게 하는 밤을 만든다

별이고 싶다

바람도 구름도
해도 달도 아닌
별이고 싶다.

밤하늘
소망하는 이들의 기도에
바람을 들어주는 별똥별로
저 별은 나의 별로
저 별은 임의 별로
이쁜 연인들의 사랑 담은
별이고 싶다.

끝없는 망망대해에서
갈 길 잃은 사막에서
등대처럼 별자리로 방향을 잡아 주는
인생의 멘토 같은
별이고 싶다.

해처럼
달처럼 큰 빛을 발하지 않아도
초롱 초롱 영롱하게 빛나면 되기에

바람도 구름도
해도 달도 아닌
별이고 싶다.

광안대교의 밤

세월을 기장한 체
화려한 의상을 한 다리
오는 세월의 불빛은 빛이 나고
가는 세월은 빛도 바랜다

강인지
바다인지 모르는 세상 위에
휘황찬란함으로
수놓고 이어진 시간
세월의 속도는 빠르고
삶의 걸음은 느리기만 하다

욕망의 스테이크에
와인과 더불어진
인생이기를 기원하지만
콩나물 해장국에 소주를 곁들인다

그대로 하여 행복하다는 말도
파도 속에 묻히고

사랑한다는 말도 불빛 속에
잠식되지만

바다를 딛고 우뚝 선
세월의 버팀목이
어제를 딛고 일어서는
희망을 발하고
어둠은 바다도 안고
해변의 화려한 불빛도 안고 온다

아침의 기도

별들이 물러나는 자리 위로
새벽이
동녘에 걸리면
하루를 알리는 분주함이 거리를 메운다

소망하는 이들의 하루
기도 없는 이들의 하루도
바쁜 시작으로 열리고

어쩔 수 없이 여는 아침에
비애가 내리면
염원하는 마음 가득한 아침엔
경건한 꿈들이 열린다

가슴에
혹한이 내리게 하는 이의 출발
마음에
즐거움이 찾아오게 하는 이의 기도

꿈을 버리기보다
희망을 찾는 이의 울림이 퍼져오는 여명

아침엔 바람[빛]을 가지고
그 아침의 기도는
희망의 날개이기를 노래해 보자
아침의 기도는
행복을 향한 축복의 기도로 시작해보자
모두의 아침이

어둠을 거두고

세상을 재우는 자장가 소리
내일을 위한 충전은
어둠의 그림자로 오고
약에 취한 환자처럼
도시의 불빛도 쓰러져 간다.

하루의 잊음으로
내일을 만들고
하루의 고통이
내일의 희망을 꿈꾸게 하는 밤

가슴 토닥여
잠재우는 어미의 손길같이
포근히 내리는 별빛이
하염없는 시간을 재촉하면
까만 밤
하얗게 지새워 먼동이 튼다.

간절함으로 여는
여명
밤새 그토록 바라던 어제가
오늘이 되었다.

초대받은 불청객

어떤 파티일까
궁금함과 괜한 두려움 던져버리고
설렘과 기대감이 앞섰던 건
따스한 환영을 바라지도 않았지만
커다란 테이블에 홀로이고
군중 속에 외톨이가 되었다

침묵 속에
낯선 이방인이 되는 게 싫어
선뜻 마음 내키지 않은 초대에 응하고
그들만의 축제에
그들만의 환호에
미소 머금고 태연히 앉아
아무 일 아닌 듯 호쾌남으로 앉아
버려진 꽃다발이 되었다

궁상맞은 표정에
시간은 예의도 모른 채 흐르고
무심한 마음들에 야속함을 안고

내게 주어진
한 그릇의 설렁탕과 초대장을 바꾼다.

동토에서

영혼의 머리 위로도
겨울이 오네요

차가움을 느끼는 모든 것에게
뜨겁게 타오르는
사랑의 열기 뿜어내어
따뜻한 온기 만들지니
그대
눈웃음만이라도 내게 주세요

가엽고
허약한
꽃들의 향기도 사라진 지금
이글거리는
정열의 눈길로
오들거리는 가슴을 녹일지니

타국의
하늘 아래서

그대의 눈동자 떠올리며 애절한 맘
보내어 봅니다

그대 향한 사랑은
계절에 관계없이
눈으로
가슴으로
생각으로
동토의 도시에서
그대에게 다가가는
겨울의 석양에 맡겨 봅니다

공존

너도 없고
나도 없었지
나도 있고
너도 있었지
아무도
그것을 알지 못했지

소통

내 생각이

너에게 가고

네 생각이

나에게 오고

다만

말없이 미소 머금는다

애수의 밤

사무친 마음에
노래도 멈추고
애절한
기도도 멈추어 버리고

그대가
떠나버린 뒤
그대의
마음도 떠나버렸다

꼬깃꼬깃 접은
그리움마저도
낙엽으로 지는 계절인데

별빛만큼 많은 기억들이
초롱초롱
되새겨지는 밤

홀로 선 창가에
별빛 또한
무수한 불빛 되어
지상으로 내리고
차가운 샴페인 속으로도
끝없이
별들은 오네

가만
눈 감아 버리면
계절의 바람 소리만
기억의 창을 두드리며
추억하는 밤

아침을 엽니다

똑똑똑!
하루의 문을 두드리면
아직
잔별 남은 동녘은
붉은빛 드리우고
부산한
사람들의 발걸음들이 멀리
길 위에 보인다.

똑똑똑
아침을 엽니다.

눈 떠짐에 감사하고
어제보다
오늘이 나을 거란 기대에 감사하고
내가 좋아하는 것들을
볼 수 있고
할 수 있음에 감사하고
그리운 이를
그리워할 수 있음에 감사합니다.

똑똑똑
아침을 열고 나서면
어둠은 걷히고
가슴 벅찬 시간을 위해
신선한 공기 가슴에 안고
발걸음 힘차게
달려보는 아침이 상큼합니다.

바닷가 초상肖像

바람에 일렁이는 파도가
은빛으로 다가오고
지나간
이야기가 눈물로 온다

그대 눈물이
바다가 안겨주는 위안이길 바라면
쉼 없는 물결이
가슴을 두드린다

내일은
오늘보다 잔잔한 파도이기를 바라고
격랑을 맞은 삶에
평온과 고요가 스미면
그대 눈물
갈매기 노래에
화답하는 여유로움이 오겠지

커피향 짙어
눈물 마르고
바람 소리 잦아들면
바위에 부딪힌 포말도
가벼운 통증으로 바다를 이야기하리

지는 해 바라보며

삶의 여백을 따라
떠오르는 얼굴
그대라는 이름으로 사랑을 썼고
그대라는 모습으로 그리움 그렸지

잊힌 기억을 넘어
참 많이도 지나왔다

어제 같던 날들이
까마득한 세월로 밀려나고

죽을 것 같던 시간을 지나
이젠
추억이라는 언저리에 버틴 사랑

망각은
몽매하며 새로운 사랑에 눈뜨고
그 사랑에 익어
노을을 그린다

아름다움은 아름다운 채로
추억은 추억인 채로 두고
내 사랑 안고
지는 해를 바라본다.

어둠이 내리면

밤이라 말하면
어둠이 내리고

그대라 이야기하면
사랑이 샘솟는다

까만 밤하늘엔
초롱초롱 그리움도 영롱하기에

어둠 속에서
그대 이름만 불러도
전율로 안겨오는 떨림

사랑은
별만큼 더 많이 그립고
애틋함 가득한가 보다

어디로 가는가

품으니 무겁고
내려놓으니 가볍다

가지니 가볍고
버리니 무겁다

보이지 않는 그곳에
종자 심고

서 있는 발아래 그곳에서
거름 찾는다

해 뜨면 거리 나서고
달 뜨면 길을 나선다

시를 쓰는 사람은

단정한 몸가짐으로
파란 하늘을 바라보고
갈대 우거진 그 길을
노래하며 걷고
솔향기 그윽한 오솔길을
사색하며 발걸음 옮기는 사람.

물소리 듣고
풍경 소리 듣고
바람 소리 듣고
새소리
소근대는 사람 소리도 듣는 이.

너의 마음도 알고
나의 마음도 느끼고
세상의 마음도 깨우치는 사람.

배려하고 배려해도 부담이 없고
맑은 눈으로 사물을 읽고
깨끗한 마음가짐으로 일상을 노래하는 이.

모든 이들이 함께 따라 해도
모든 이들이 즐겨 읊어도 부끄럽지 않은 시
그런 이가
그런 시인이 시를 썼으면 좋겠다.

별이 내린다

밤이 오니 별이 내린다.

별이 내린다.
별이 내린다.
별이 내린다.
별이…….

시간이 내린다.

사랑의 풍경과 감성의 미학
- 정태운의 시세계

최영구
(시인, 문학박사)

사랑과 슬픔과 즐거움에 대한 강렬하고 특이한 감정을 포착하려고 하는 단형시를 보통 서정시라 부른다. '시적 힘은 감정의 일상적 상태보다 훨씬 더하고 일상적인 질서보다 더한 것, 그리고 열광과 깊고 격렬한 감정을 수반하면서 항상 살아 있고 확고하고 냉정한 판단을 가진 것으로 구성된다.'(코울리지)
하지만 그런 강렬하고 열렬한 감정은 그대로 시가 되지 않는다. 그런 감정은 상상력을 통해 시적 정서를 획득하게 되는 것이다.
상상의 힘은 상반되고 서로 어울리지 않는 요소들에 균형과 조화를 부여하는 데 나타난다. 그런 일련의 과정이 곧 시적 창조의 과정이다. 시는 환상을 의미하는 혼돈 상태의 느낌을 분명히 직관으로 전환시키기 때문에 환상이라 부르지 않고 상상의 산물이라 부르는 것이다.
또 상상은 고정성과 한정성을 초월해 용해함으로써 단순한 재결합이 아닌 창조의 기능을 갖는 것은 물론 감정을 통해 얻은 모든 정서들을 새로운 전체로 통일한다. 그리고 감각적 인식이 불러일으키는 모든 정서들을 질서화 한다. 상상력은 꾸준한 습작을 통해 길러지거나 타고난 재능일 수도 있다.

어쨌거나 정태운 시인의 시집『사랑한다고 말할 때 사랑의 꽃이 피고』는 사랑에 대한 열광과 격렬한 감정과 상상력이 빚어낸 시집이다. 사랑에 대한 열정과 상상력은 그가 시를 창작하는데 절대적 공헌을 한 것임에 틀림없어 보인다. 왜냐하면 그의 시집『사랑한다고 말할 때 사랑의 꽃이 피고』에 게재된 모든 시에서 사랑에 대한 열정과 상상력의 힘이 유감없이 발휘되고 있음을 확인할 수 있기 때문이다.

하지만 그런 사랑에 대한 열광과 격렬한 상상력과 감정의 상태만으로는 시가 되지 않는다. 그런 감정을 시적 언어로 전이시켰을 때 비로소 한 편의 시가 완성되는 것이다.

언어의 일차적 기능은 '그 사회의 구성원들이 상호 이해하고 작용하고자 하는' 데 있다. 그런 언어의 일차적 기능과 의미들은 고정된 것일 뿐만 아니라, 언어는 나름의 규칙과 질서를 가지고 있어 그 언어를 사용하는 사람들을 구속한다. 그리고 언어는 인간의 욕망이 빚어낸 이념의 덩어리다. 우리는 태어나서 죽을 때까지 사회적 질서와 규범을 언어를 통해 이해하고 배우고 행하며 살아가게 된다. 그런 일차적 기능의 언어는 일상적 산문적 언어일 뿐 시적 창조적 언어와는 거리가 멀다.

시인은 그런 언어의 일차적 기능에 매달리지 않고 끊임

없이 언어를 개발하고 확장하려해야 한다. 그런 언어 장력의 확장은 예술적 창의성에 의해 발휘된다.

시적 상상력과 창조성을 발휘하는 시인들은 언어의 일차적 장력을 무한히 넓히고 언어를 자유롭게 비상시켜 경이로움을 발휘하게 한다. 그럴 경우 그 경이로운 언어의 비상을 통한 장력은 예술의 경지에까지 이르게 된다.

정태운 시인의 사랑에 대한 열렬한 감정은 그런 상상력과 언어 비상을 통해 획득한 언어의 경이로움에 의해 창조된 시들이다.

그대 그리운 날
또다시 창가에 서면
먼 하늘 한 점 구름이
그대로 하여 오고
파란 하늘이 멍든 가슴으로 옵니다

머리로 가슴으로
그대 그리고
그대를 안고
따스한 커피향에 그대 사랑을 음미합니다

사무친다는 말은
그대 향한 내 그리움의 언어요
외롭단 말은
그대 향한 내 사랑이 만든 언어입니다

시간이 갈수록
그리움 더하고 사무쳐오기에

하늘은
파랗게 텅 빈 외로움입니다
　　　－「그대 그리운 날」 전문

'한 점의 구름도 그대로 하여 온다'니 그리고 '파란 하늘이 멍든 가슴으로 온다'니 사랑의 힘은 구름도 움직이고 파란 하늘이 사랑으로 인한 화자의 멍든 가슴일 수 있으니, 그런 사랑의 힘, 사랑의 이미지를 읽고 있노라면, 사랑하는 마음과 감정만큼 대단한 힘을 지닌 것은 아마 없을 것이라는 생각을 하게 된다. 그런 사랑의 힘은 전우주적 힘이라 해야 할 것이다. '그대 그리운 날/ 또다시 창가에 서면' 그대가 그리울 때마다 서성이게 되는 마음, 이 또한 사랑의 힘이 아니겠는가. 윗 시의 사랑이야말로 결코 그저 그런 사랑이 아니라는 확신을 하게 된다. 그런 의미에서「그대 그리운 날」은 진정한 사랑의 힘과 묘미를 서정화 하는데 성공한 작품이라 하겠다.
　진정한 사랑에 대한 정서를 시화하기란 쉽지 않은 일이다. 그런데 정태운 시인은 진정한 사랑에 대한 마음과 의미를「그대 그리운 날」에 나름대로 담아내고 있는 편이다.

나로
인하여
그대에게도 가슴 떨림이 있었으면 좋겠습니다.
내 모습 잠시 보아도
설렘 가득 안고
내 목소리 잠시 들어도

환희로 정겨움이 뚝뚝뚝
흘러내렸으면 합니다.
내가 그대로 하여 그러하듯이.

서러워 울 적에도
고통스러운 마음으로 가득할 때도
삶이 힘들어 어깨가 무거워질 때도
내 모습이
나에 대한 생각이
그대를 힘나게 하는 에너지가 되었으면 좋겠습니다.
내가 그대로 하여 그러하듯이.
　　　　　　　　－「그대로 하여 그러하듯이」 전문

　사랑하는 사람과의 합일, 특히 사랑하는 마음의 합일만큼 소중한 것은 없을 것이다. 서로가 서로에게 줄 수 있는 환희의 감정, 고통 속에서도 사랑의 힘이 구원이 되고 용기가 되어 어떤 고난도 이겨낼 수 있는 힘이 되기를, 그런 경지를 기원하는 사랑의 시다. 사랑의 힘은 사실 그런 마력을 갖는다.
　'사랑에 있어서 제일의 계기는 내가 나 만으로서의 독립적인 인격이고자 하지 않는 것, 또 그렇다고 하더라도 그때에는 나는 자신을 결점이 많은 불충분한 것으로 느낀다는 것이다. 제 2의 계기는 내가 한 사람의 다른 인격 속에서 보람을 얻으며 또 다른 사람도 내 속에서 그렇게 되는 것이다. 사랑은 따라서 최대의 모순이며 오성은 이 수수께끼를 풀어낼 수가 없다. 그렇다고 하는 것은 부정이면서도 또 내가 그것을 긍정적인 것으로 갖고 있을 터이라는 이 자기 의

식의 미묘함이 이처럼 어려운 것은 없기 때문이다. 사랑은 모순을 낳는 동시에 그것을 풀어나가는 것이다. 모순을 푸는 것으로 사랑은 윤리적인 합일성인 것이다.'(헤겔)

　두 사람의 마음이 하나이기를 기원하는 마음 그게 곧 사랑일 것이다. 그대로 하여 기쁨에 들고, 때로는 황홀한 감정에 사로잡힐 수 있고, 비애와 고통을 함께 느끼면서도 극복할 수 있는 힘을 줄 수 있는 사랑의 감정 그게 사랑의 묘미일 것이다.

보르도
부르고뉴
카베르네 쇼비뇽
멜롯 등
생소한 프랑스 지명과
혀도 잘 돌아가지 않는 포도의 품종을 말했다.

지루할 수 있을 수업 시간들과
지루해질 만남들을
유머와 위트와
시와 문학으로
와인의 문화가
와인의 풍미가 지겹지 않게
와인의 언어가 어렵지 않게
적당한 양념으로 왔던 수업들

저토록 와인에 박식하실까.
저토록 인문학 지식이 넓으실까.
저토록 잔정이 많으실까.

가만 눈 감으면
금방이라도 까랑까랑한 음성이 들릴 것 같은데
가만 눈 뜨면
정겹게 손잡아 주실 것 같은데
이제
모두의 손을 놓고 가시네.

아직도 배우지 못한 많은 부분
아직도 느끼지 못한 풍미
어떻게 할꼬
어찌할꼬
스승은 저-만치 가고 계신데

온화하던 모습이
잔잔한 미소와 해학이
너무 너무 그립습니다.
너무 너무 가슴 아프게 다가옵니다.

이제는
고통도 잊으시고 영면하소서.
편히 영면하소서.
와인을 딸 때마다
원장님을 생각하겠습니다.

※ 삼가 조용학 원장님의 명복을 빕니다!
    -「조용학 원장님을 기리며」 전문

시「조용학 원장님을 기리며」는 돌아가신 분에 대한 일종의 헌시다. 와인에 대한 강의를 들으며 인연을 맺은 분에 대한 기억과 그분의 가르침을 잊지 못해 돌아가신 후 기억을 되살려 기리고 있다.

이런 부류의 시들은 어쩔 수 없이 사실적일 수밖에 없다. 돌아가신 이의 자취와 평소의 인상적이었던 일들을 기록해 기리게 되기 때문이다. 그런데도 서정이 만만치 않은 편이다. "지루할 수 있을 수업 시간들과/ 지루해질 만남들을/ 유머와 위트와/ 시와 문학으로/ 와인의 문화가/ 와인의 풍미가 지겹지 않게/ 와인의 언어가 어렵지 않게/ 적당한 양념으로 왔던 수업들"

셋째 연을 보면 시적 통사구조가 예사롭지 않음을 알 수 있다. 언어가 특이해서가 아니라 산문과 경계가 없는, 평범하고 사실성이 짙은 언어들을 그대로 구사하면서도 반복과 거기에 걸맞은 시적 운율을 빚어내어 돌아가신 이에 대한 애도의 정감을 더한다. 그리고 헌시답게 생전 강의할 때의 모습을 인상 깊게 시화해낸 작품이다. 배열과 구성도 헌시답다. 시구에서 단어들의 결합과 행과 연마다 단어들의 배열을 통해, 단어들을 상호적으로 쇄신시키기 위해 사라진 필연성의 부여와 언어의 자유로운 놀이를 시도해 시에 미감을 더하게 된다.

소리와 의미, 목소리와 생각, 존재와 부재 사이에 중요한 균형을 이루게 됨으로써 시는 완벽한 언어가 될 수 있는 것이다. 그때부터 시는 표현이 적절한 완벽한 체계가 될 수 있다. 이 시의 구조와 언어가 바로 그런 경우라 하겠다.

풋풋한 사랑이

세월이라는 연륜으로 익어
달콤함 간직한
참사랑이 되었네요.

세월이 유수같이 흘러도
거목처럼 버티고선
우리의 사랑에
다시 붉은 장미를 바칩니다

아리땁던 청춘의 향내는
그대로인데
머리 위에 내리는 서릿발은
훈장처럼 늘어만 갑니다

언제나 있는 그 사랑
변하지 않는 그 마음으로
불멸이라는 황홀한 열매를 준
당신의 참사랑에 감사를 드립니다

지금도
끊임없이 밀려오는
세월의 파고에도
든든히 버티고 선 당신이 있기에
나는
다시 많은 세월에
사랑을
말할 수 있겠습니다

우리들의 사랑이 있기에
기쁨이 가득합니다

－「우리의 사랑」전문

진정으로 사랑할 수 있는 대상이나 사랑할 수 있는 사람이 있다는 것은 참으로 행복한 일이다. 왜냐하면 아무에게나 진정한 사랑의 대상이 존재하는 게 아니기 때문이다. 사랑의 시작은 헌신에서부터일 것이다. 희생과 헌신 없이는 누구에게도 사랑은 주어지지 않을 것이다. 위의 시는 그런 변함없는 진정한 사랑으로 하여 얻는 행복감을 시로 서정화한 작품이다. 그런 사랑을 얻고 사랑해본 사람만이 얻을 수 있는 기쁨과 행복감이 잘 드러난 시다. 한 말로 말하면 사랑에 대한 헌사라 할 것이다.

많은 사람들이 행복은 어디서 오는 것이며 어떻게 얻어지는 것일까? 에 많은 관심을 보인다. 그러면서도 그 답을 정확히 찾지 못하고 있는 듯하다. 어쩌면 위의 시에 그 답이 있는 듯도 하다.

사랑한다 말할 때
사랑 꽃이 핍니다

침묵하는 마음은
꽃을 피우지 못하고
쓸모 없는 땅이 되기에
나타내지 않는
그 마음을 알아달라 하지 말아요

닫혀 있는 마음을
어떻게 알 수 있나요
언제나 오해와 섭섭함을 만들고
황폐한 토양으로 변하게 해요

싹을 틔우지 못하는 동토
얼고 거친 대지 위에
무엇이 자랄 수 있을까요

사랑하면 사랑한다 말하고
그리우면 그립다 말하고
섭섭하면 섭섭하다 말해요
닫힌 언어로 알아주기를 바라지 말아요

당신의 정원에 꽃을 피우기 위해
사랑한다고 말해요
사랑한다고 말할 때
사랑의 꽃은 피어납니다
 -「사랑한다고 말할 때 사랑의 꽃이 피고」전문

윗 시「사랑한다고 말할 때 사랑의 꽃이 피고」는 이 시집의 표제시다. 진정한 사랑은 망설임이 없을 것이다. 마음에서 우러나는 것이기 때문이다. 주저함과 망설임이 없는 사랑, 그건 마음의 울림이요 진실된 것이기에 이심전심으로 상호 이해될 것이다. 그처럼 진정한 사랑의 호소엔 주저함이 없어야 한다는 정서를 담아낸 시다.
 "당신의 정원에 꽃을 피우기 위해/ 사랑한다고 말해요/ 사랑한다고 말할 때/ 사랑의 꽃은 피어납니다"의 마지막연이 그걸 말해준다.
 "내가 사람의 방언과 천사의 말을 할지라도 사랑이 없으면 소리나는 구리와 울리는 꽹과리일 뿐이며 내가 예언하는 능력이 있어 모든 비밀과 모든 지식을 알고 또 산을 옮

길 만한 모든 믿음이 있을 지라도 사랑이 없으면 내가 아무 것도 아니요 내가 내게 있는 모든 것으로 구제하고 내 몸을 불사르게 내어 줄지라도 사랑이 없으면 내게 아무 유익이 없느니라. 사랑은 오래 참고 사랑은 온유하며, 투기하는 자가 되지 아니하며, 사랑은 자랑하지 아니하며, 교만하지 아니하며, 무례히 행치 아니하며, 자기의 이익을 추구하지 아니하며, 성내지 아니하며 악한 것을 생각지 아니하며, 불의를 기하지 아니하며, 진리와 함께 기뻐하고 모든 것을 참으며, 모든 것을 믿으며, 모든 것을 바라며, 모든 것을 견디느니라. 사랑은 언제까지든지 떨어지지 아니하나 예언도 폐하고 방언도 그치고 지식도 폐하리라." (구약성서. 고린도전서)

 정태운의 사랑의 시편들을 읽고 있으면 위에 인용한 구약성서의 사랑편이 자꾸 떠오르곤 한다. 그의 시에 드러난 사랑의 서정이 진솔하고 헌신적이기 때문이리라.
 시의 대체적인 주제는 일반적인 언어가 전달할 수 없는 경험의 종류를 내용으로 한다. 함께 시는 지식의 한계점에서 설명할 수 없는 것을 설명하려고 하는 작업을 담당한다. 포착하기 어렵고 지나치기 쉬운 감정은 시가 포착하려고 하는 중심적 대상이 된다. 정태운의 시에 드러난 사랑의 감정과 정서가 바로 그런 경우라 하겠다.

  외로이 떨어져 있었네
  외로이 울고 있었네

모두가 지고
모두가 떠나간 자리 위에
홀로

이 계절에
한 송이 꽃으로 남는다는 게
이 계절에
홀로 남아 있다는 게

빈자리를 채우지 않은 채
버티고 선 곳에
내 영혼의 추억이라도
채우고 보자꾸나

북서풍이 불어온다
북풍이 온다

그래도
버티고 선
한 송이 외로운 꽃에게
따스한 온기 주게
양지바른 자리
내어주고 싶다

-「홀로 남은 꽃」 전문

시 「홀로 남은 꽃」에서 '꽃'은 여러 의미를 함축한다. 그대로의 꽃을 의미하면서도 은유적 의미나 상징적 의미로 확장된다. 정태운 시인의 시집 『사랑한다고 말할 때 사랑의 꽃이 피고』의 시편들 중 은유적 상징적 언어를 가장 확

실하게 보여주는 수사라 할 것이다.

　이 시를 읽는 독자들에 따라 여러 의미로 읽힐 수 있는 시어가 '꽃'이다. 보통의 언어가 전달할 수 없는 것을 전달하기 위해서는 언어의 일반적인 한계를 극복하여 그 표현의 범주를 확대해야만 한다. 그러한 기적을 이행하기 위해 시인은 메타포나 상징으로 언어를 확장한다. 그러기 위해서 시인은 종종 어렵고 복잡하고 치밀한 탐색을 하게 된다. 훌륭한 시의 사상과 감정은 언어에 의해서 표현된 방법에 의존하기 때문이다. "외로이 떨어져 있었네/ 외로이 울고 있었네/ 모두가 지고/ 모두가 떠나간 자리 위에/ 홀로// 이 계절에/ 한 송이 꽃으로 남는다는 게/ 이 계절에/ 홀로 남아 있다는 게" 시 「홀로 남은 꽃」의 1, 2연이다. 첫 행부터 이 시의 언어 장치가 예사롭지 않음을 알게 될 것이다. 시인들은 가끔 시적 타자에 관념이나 의식을 불어넣으려 한다. 그럴 때 가장 유효한 시적 수사가 메타포나 상징이다. 문학(시)은 우리의 정신을 세계와 연관 짓는 방식으로 언어를 사용한다. 우리가 연상적 언어를 사용하면 수사법을 사용하는 것이 된다. 윗 시에서 '꽃'이 바로 그런 경우에 해당한다. 왜냐하면 꽃은 물리적인 그대로의 꽃이면서 또 다른 연상 작용을 하기 때문이다. 위에 인용한 1, 2 연에서 보듯 꽃은 꽃다움의 선을 끝까지 지키려는 의지, 선의 상징일 수 있기 때문이다.

　정태운의 시집『사랑한다고 말할 때 사랑의 꽃이 피고』의 시편들은 언어 예술적 측면에서 볼 때 그렇게 화려한 시적 언어들은 아니다. 하지만 수용미학의 측면에서 볼 때 나름의 서정미를 갖는, 그래서 때로는 독자들에 미적 충격을 줄 수 있는 시편들도 더러 보인다. 특히 사랑을 주제로 한 시편들은 사랑에 대한 열정정과 강렬한 감정들이 화자에 의해 독창적으로 진술된다. 그런 독창성은 체험의 산물일 것이다.

요즘 시들을 보면 흔히 언어의 심미적 질서가 어떤 원리에 의해 형상화되는 지의 문제를 미처 터득하지 못한 시인들이 시가 판타지라는 점에 의지해 어지러운 난해시를 예술성이 강한, 개성적인 시라 착각한 시들이 흔하다, 그런 심미적 가치도 예술성도 결여된 시들보다는 오히려 정태운의 시들은 마음 편히 읽을 수 있어 호감이 가는 편이다.

마지막으로 정태운 시인의『사랑한다고 말할 때 사랑의 꽃이 피고』의 시집 상재를 축하하면서 글을 맺는다.

정태운 시집
사랑한다고 말할 때 사랑의 꽃이 피고

인쇄일: 2018년 5월 10일
발행일: 2018년 5월 18일

지은이: 정태운
펴낸이: 최경식
펴낸곳: 도서출판 청옥문학사
인쇄처: 세종문화사

등록번호 제10-11-05호
E-mail: sik620@hanmail.net
전화: 051-517-6068

값 10,000원

ISBN 978-89-97805-69-3 03810

이 도서의 국립중앙도서관 출판예정도서목록(cip)은 서지정보유통지원시스템 홈페이지
(http://seoji.nl.go.kr)와 국가자료공동목록시스템(http://www.nl.go.kr/kolisnet)에서 이용
하실 수 있습니다.(cip2018013834)

* 이 책의 무단전재 및 복제행위는 저작권법에 의거. 처벌의 대상이 됩니다.